「海行きたいね」と彼女は言った

目次

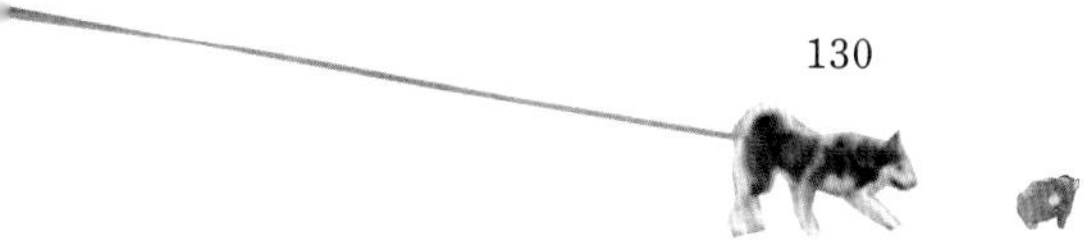

センター
ローナー

6

「ああ、今日は幸せだな」と僕は言った

ああ、今日は幸せだな、と言い切れる日が僕の人生にもたしかにあった。

でも、その日の日付を、僕はもう忘れてしまった。

季節は薄っすらだが憶えている。初夏、もしくは夏の終わりだったはずだ。蝉の鳴く声は聞こえていなかった。その日は、曇りのち曇りみたいな天気で、降水確率５％だったのを、彼女が教えてくれた。

「今日は降水確率５％だって。傘持って行かないよね？　人はさ、何％から傘を持っていくんだろうね」

彼女は電話口で、弾むような声でそんなことを話していた。

「どこへ行こうか？」

僕の問いに、「君が昔いた土地がいいな」と彼女は即答する。

「昔いた土地？」

「うん」

　それからどんな経緯でそうなったのかも忘れてしまったが、結局、横浜に行くことになった。いい思い出がたくさんある土地ではなかったが、僕がたしかに長らく世話になった土地だった。最初にまともに働いたのは、横浜黄金町のすぐ近くの工場で、仕事帰り、伊勢佐木町の外れにあった映画館によく通った。面白い面白くないに関わらず、映画を観ているとだいたい途中一回、眠ってしまう。だから気づいたら知らない間に年を越していたこともある、と彼女に伝えると「じゃあ、その映画館は絶対に行こう」と言われた。映画館の名前はジャック&ベティといった。ジャック&ベティの近くに流れていた川は、お世辞にもキレイとはいえなかったが、その川のほとりで、一日中ボンヤリとしていたことは一度や二度じゃない。金はなかったが、時間は吐くほどあったので、馬車道に寄って、山下公園まで歩いたことも何度もあった。

「海、行きたいね」

彼女はそう言うと、「じゃあ、決まり」と嬉しそうだった。

「そんなところばかりまわっても、つまらないよ」

僕がそうひとり言のように言うと、「出た出た、ネガティブ！」と彼女は笑う。

「私の知らない君が過ごした時間を、体感したいの」

彼女の言葉には、いつも説得力があった。

「ねえ、そのままどこか泊まる？」

彼女がそう言ったのは憶えている。だけど、本当にあの日、泊まったのかは忘れてしまった。ただ伊勢佐木町の路地を歩いて歩いて、お世辞にもキレイとはいえない川のほとりで、僕がしみじみと彼女に言ったことは憶えている。彼女は僕のほうも見ずに、無言で手を繋いでくれた。その手を、山下公園に行くまで僕は離さなかった。

山下公園でいたずらに寝そべる彼女に、もう一度僕は同じことをつぶやく。彼女は「それさっき聞いた」とケラケラと笑っていたけれど、きっと僕はそのときに心からそう思っていて、それ以外の言葉が見つからなかったんだと思う。

「ああ、今日は幸せだな」

山下公園の曇り空に向かって、その日三度目になるひとり言を僕はそっとつぶやいた。

燃え殻

7
8

Photo Movie

あの日はなんでか全部がよかった

――1996年　横浜

1

伊勢佐木長者町駅前

待ち合わせで駅前に立っている佐藤（22）。

佐藤の声「あの日はなんでか全部がよかった。という日が何度かある」

Times
みかさ
もつ
PHOBIA

そこへやって来たかおり（21）。
二人、歩き出した。

ブラジル

佐藤の声

「だいぶ昔のことだからうろ覚えだけど、その日は、なんでか、全部がよかった」

2

洋食屋　店内

ハンバーグを食べている佐藤とかおり。

佐藤の声　「その頃、付き合っていた彼女と、桃屋だかコトブキだかの洋食屋で、ハンバーグだかエビフライだかを食べたときは、その日の全部がいい日になるとは思ってなかった」

二人の奥、店員と話している常連客がいる。

佐藤の声　「いや、でも、洋食屋の常連客が、お店の人と、水が入ったバケツを片手で持つより、両手で二つバケツを持ったほうが、バランスが取れて楽だっていうどうでもいい話をしていて」

かおり、笑い出しそうな顔。

佐藤の声　「彼女が笑い出しそうだけど笑うほどでもないような顔をしたとき、
ちょうどいい楽しさの始まりを感じていたかもしれない」

佐藤、彼女の顔を見、

佐藤　「（微笑み）……」

3

外（黄金町へ）

店を出て来る佐藤とかおり。

佐藤の声
「外は晴れていて、気持ちのいい風が吹いていた」

佐藤

「こういう日に映画館に行くのが好きなんだよね」

かおり

「いいね、そういうの」

佐藤の声

「僕らは、黄金町にあるジャック&ベティって映画館に向かって歩いた」

歩いている佐藤とかおり。

佐藤の声「『STUDIO VOICE』だか『CUT』だか忘れたけど、雑誌で押井守が影響を受けた映画のことを知った彼女は、鈴木清順の特集上映を楽しみにしているようだった」

佐藤の声

「『うる星やつら2　ビューティフル・ドリーマー』が大好きな彼女は、ついこないだまで邦画はアニメ以外見る価値なしって言ってたのに、今日は古典を知る大切さについて熱弁をふるっていた」

かおり

「もし、好きな人がいたら、その人を作ったもののことも好きになれなきゃウソだと思う」

佐藤

「うん」

Do IT AGAIN

佐藤の声

「その通りだ。十五年たった今も、僕はそう思う」

二人は歩き続ける。

楽しそうな彼女の横顔を見ている佐藤。

佐藤の声　「でも、もし彼女にこのことを言っても、憶えてないだろう。この時の彼女はもういない」

かおり、笑っている。

佐藤の声

「彼女は死んだわけじゃない。まだ元気に生きていて、誰もがやるように、日々の出来事をスマホで撮っては公開している。でも、あの日の彼女は、もうどこにもいない」

4

映画館ジャック&ベティ

ジャン＝ジャック・ベネックス特集の看板を前に立ち
尽くしている佐藤とかおり。

再入場時に、チケットの半券
ご提示をお願い申し上げます。
ご面倒お掛け致しまして申し訳
ございません。

CINEMASCOPE
NICHIGEKI
ドラゴン

佐藤の声

「鈴木清順の特集上映は、来週からだった」

「彼女は、『ベティ・ブルー』が大嫌いだった」

COME ON

8

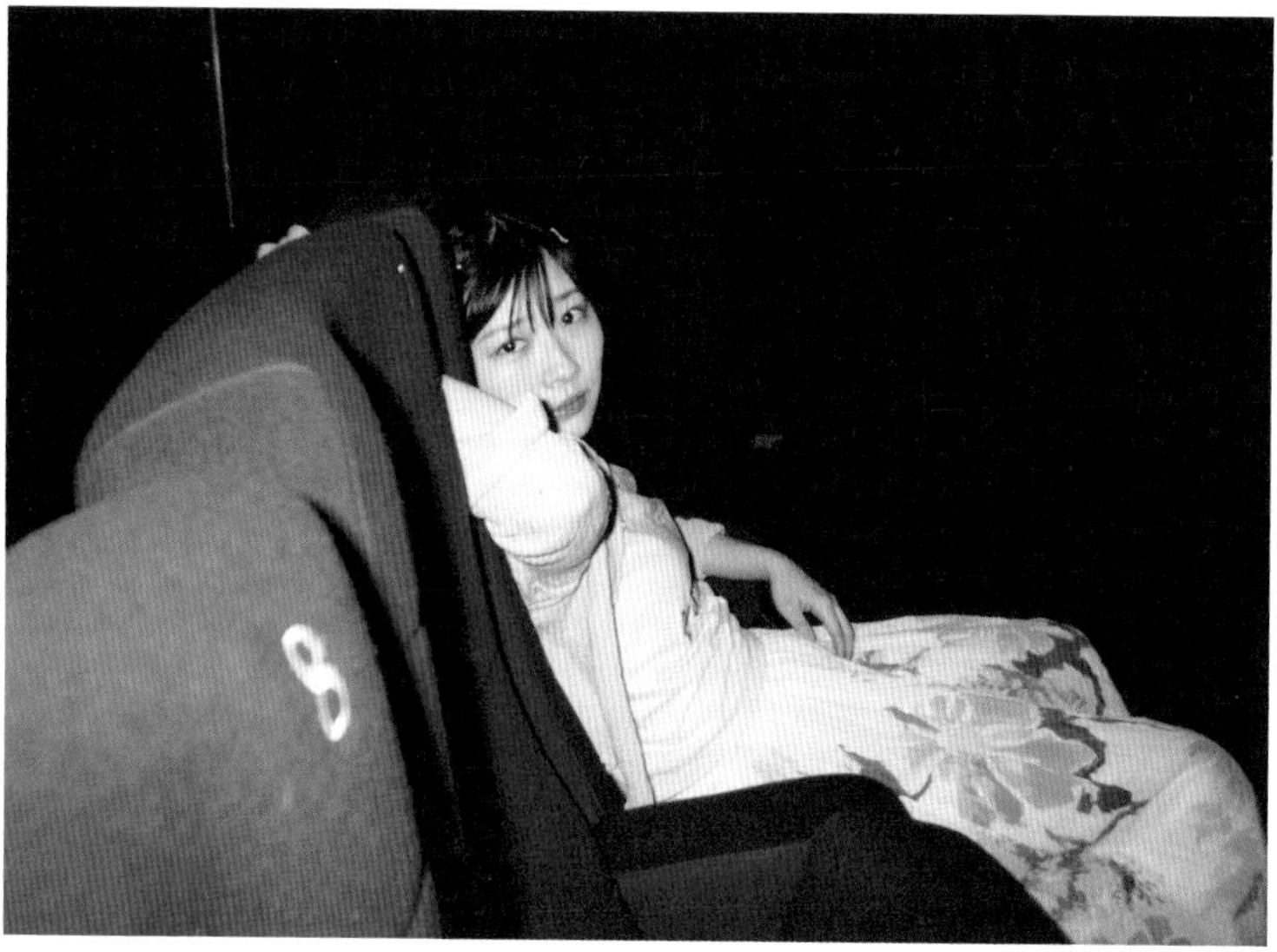
8

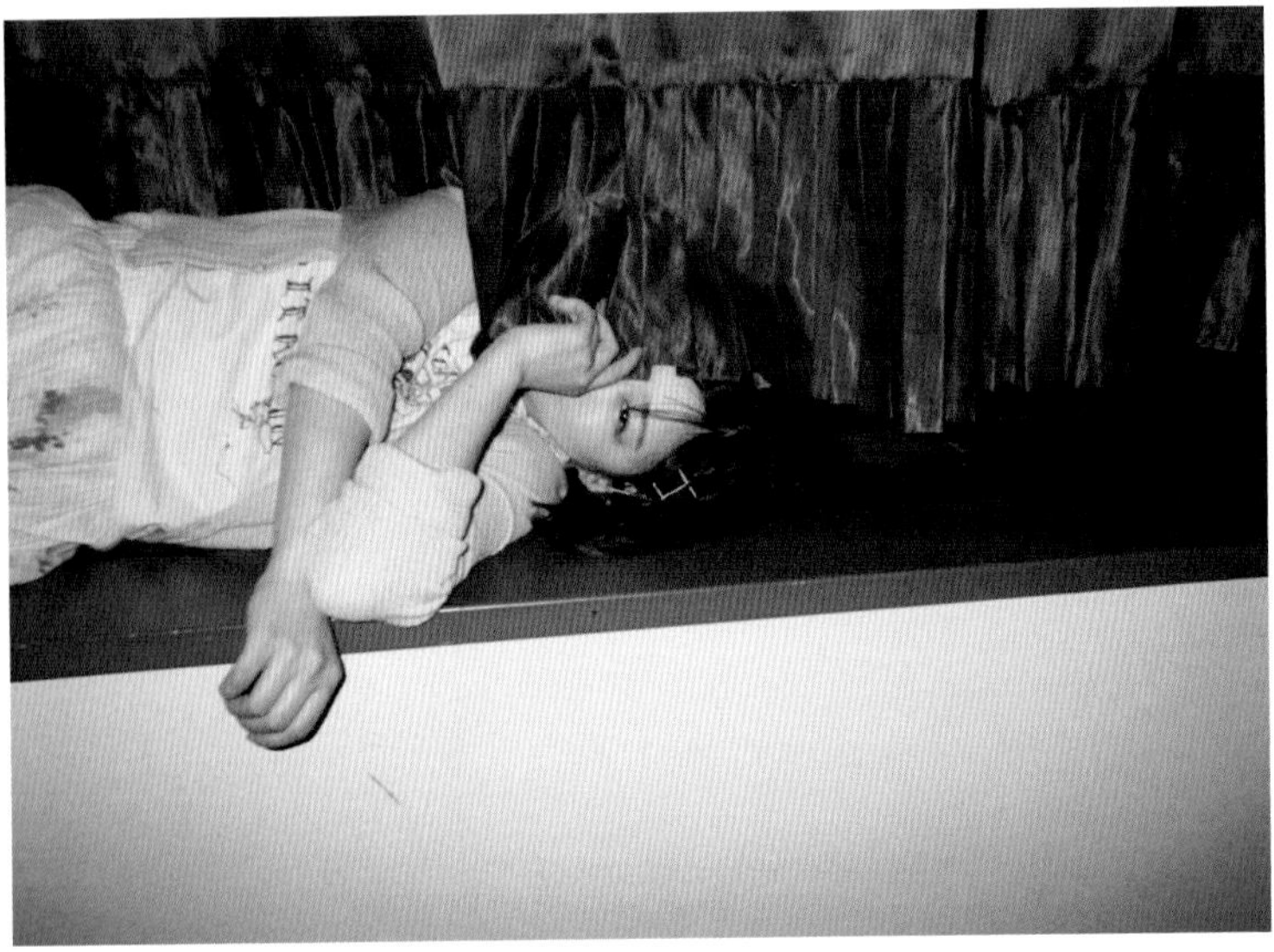

5

大岡川の川沿いの道

また歩き始めるかおり。ついて行く佐藤。

佐藤の声

「正確に言うと、『ベティ・ブルー』が好きだと言っている女が嫌いだと言っていた。それがどんな女かは僕はいまだに知らない」

歩いている佐藤とかおり。

佐藤の声

「横浜日劇という、今はもうなくなってしまった映画館で何かやっていないか見に行くと、『コピーキャット』だか『セブン』だかの殺人鬼二本立てだった気がする。二人ともそういう気分じゃなかったから、映画はあきらめて大岡川の川沿いを二人で歩いた」

かおりに語りかけている佐藤。

よる
まわ
ドトリ
かおり
あし
ルイ
華
池
みち
松
順女
美絵
シャロム
Y2K
gate
LINDA
3F
BAR
J
Radish
センター
YAMARYU
入口
横浜エイト

佐藤の声

「その近くには、少し前までアルバイトをしていた洋菓子工場があったから、外国人労働者たちと演劇をやっている三十過ぎの七瀬って男と一緒に働いていた話をすると、彼女は、すごく熱心にそれを聞いてくれたのを憶えている。どうでもいい話ばかりだった」

彼の話を熱心に聞いているかおりの顔。

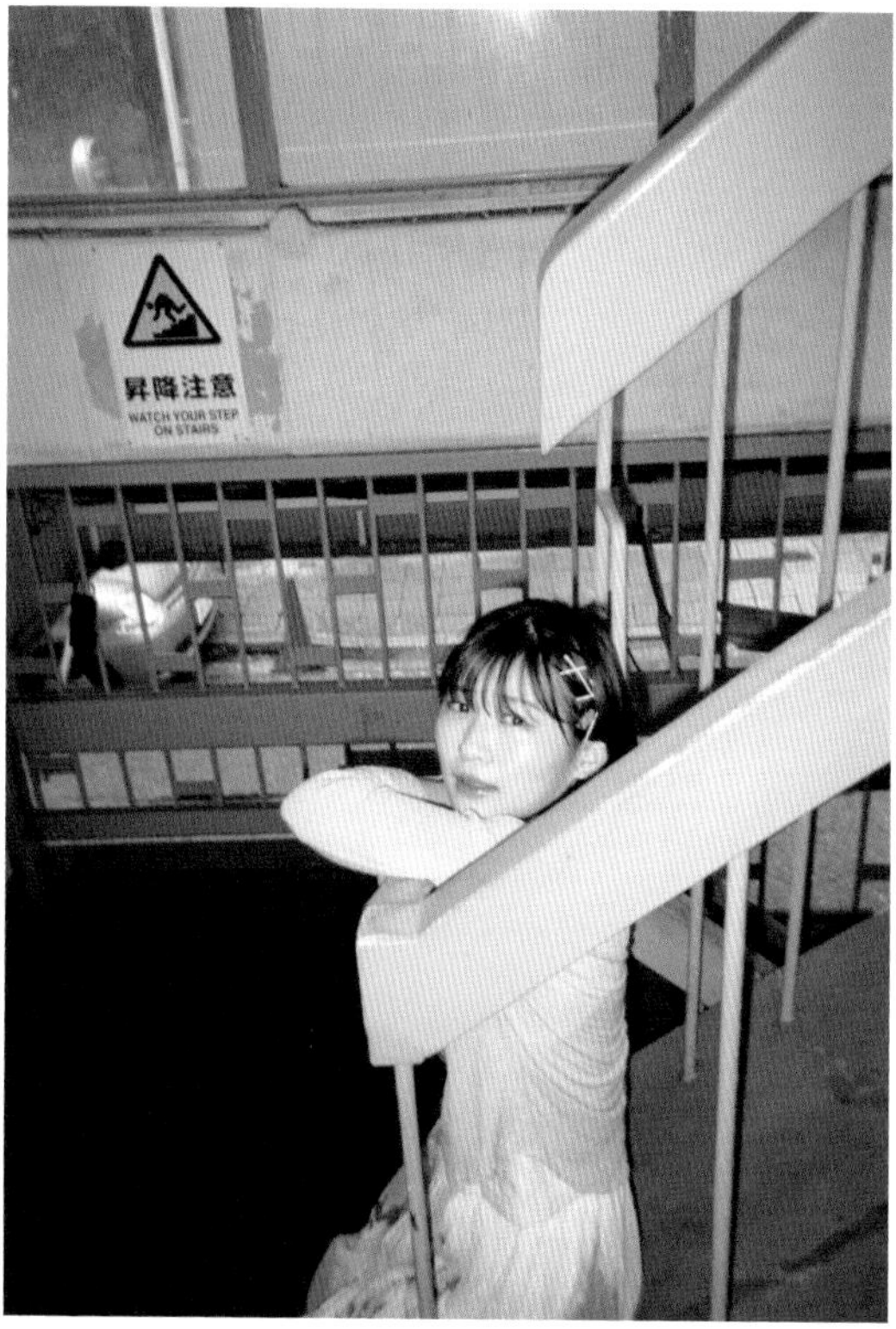
昇降注意
WATCH YOUR STEP
ON STAIRS

佐藤の声

「七瀬がやっていた女装演劇を観て欲しいと何度も誘われたけど一回も行かなかったことや、一緒に働いていたいろんな国の外国人たちは七瀬のファンになっていて、彼らからも熱心に誘われたことなんかを話しただけだった」

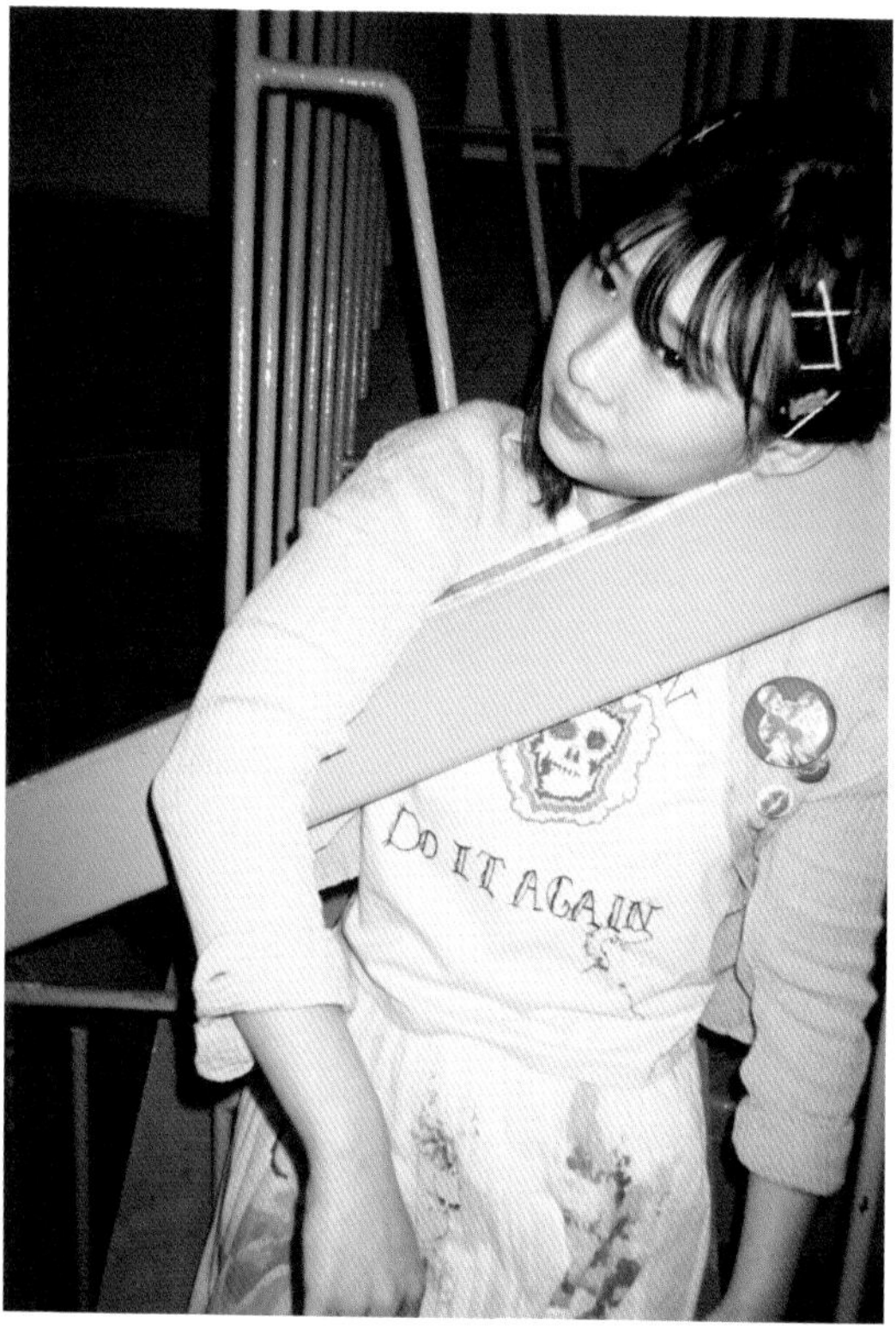
DO IT AGAIN

佐藤　「つまんない話しちゃったね（と自嘲気味に笑う）」

かおり　「映画より面白いよ」

かお
ホッピー

UKI

6

石川町の道

坂を登っている佐藤とかおり、息が上がっている。

佐藤の声

「石川町の坂を登って行くと、そこは高級住宅地だった」

大きな家を見ながら歩く佐藤とかおり。

佐藤の声

「僕たちは、なんとなく自分たちが場違いだと感じながら、そこにあるいかにも裕福そうな家を眺めて、将来住みたい家を選んだりした」

家を選び、指差したりしている佐藤とかおり。

佐藤の声「そんな家に住めっこないのに、そんなことで楽しかった」

佐藤「（家を指差し）あの家いいじゃん、窓とか大きいし」

COME ON
AGAIN

かおり　「え〜、趣味悪い。あっちの方がいい」

佐藤　「いいベランダだよね。あ、あれは？（とまた指差す）」

佐藤の声

「今はもう、僕が選んだ家はない。横浜日劇もない。彼女も、もう僕の話を『映画より面白い』とは言わないだろうし、僕もいろんなことをぼんやりとしか憶えていない」

見晴らしの良い場所に出て、港を眺める佐藤とかおり、
潮風を浴びる。

佐藤の声「でも、この日の風や光、匂いは、はっきりと憶えている」

笑い合う二人。

佐藤の声

「今でも、似た匂いがすると、この日のことを思い出す」

坂を下っていく二人。

佐藤の声

「僕のどうでもいい話を『面白い』と言ってくれた彼女は、『もし、好きな人がいたら、その人を作ったもののことも好きになれなきゃウソだと思う』と言っていた」

彼女の横顔を見つめる佐藤。

佐藤の声

「工場の話を熱心に聞いてくれたのも、それが理由なのか聞きたくなってやめたことも憶えている」

佐藤、何か言いかけて、やめた。

COME ON

7

古い喫茶店

コーヒーを飲んでいる佐藤。
その向かいでケーキを食べているかおり。

佐藤の声　「石川町の坂を下って、中途半端な喫茶店で一休みした時、レモンケーキだかチーズケーキだかを彼女が食べて」

かおり　「（小声で）これ冷凍のケーキだ」

佐藤の声　「と言っていたのも憶えている。喫茶店用の冷凍ケーキというものがあるらしかった」

8

山下公園（夕）

小走りに来るかおりと佐藤。

佐藤の声
「山下公園に行くとちょうど日が暮れかかっていて、夢の中にいるみたいだった」

二人、楽しそうだ。

佐藤の声

「彼女は、お目当ての映画もやっていなかったし、豪華な一軒家には住めそうもないし、喫茶店のケーキは冷凍だったのに」

かおり

「なんか、今日はついてるね」

と笑い、佐藤の手を握った。

佐藤の声

「その日は、なんでか全てがよかった」

Loves

かおり　伊藤沙莉

写真　木村和平

脚本　髙田亮

首都高・狩場線
JACK&BETTY
シネマ・ジャック＆ベティ
大岡川
都橋商店街

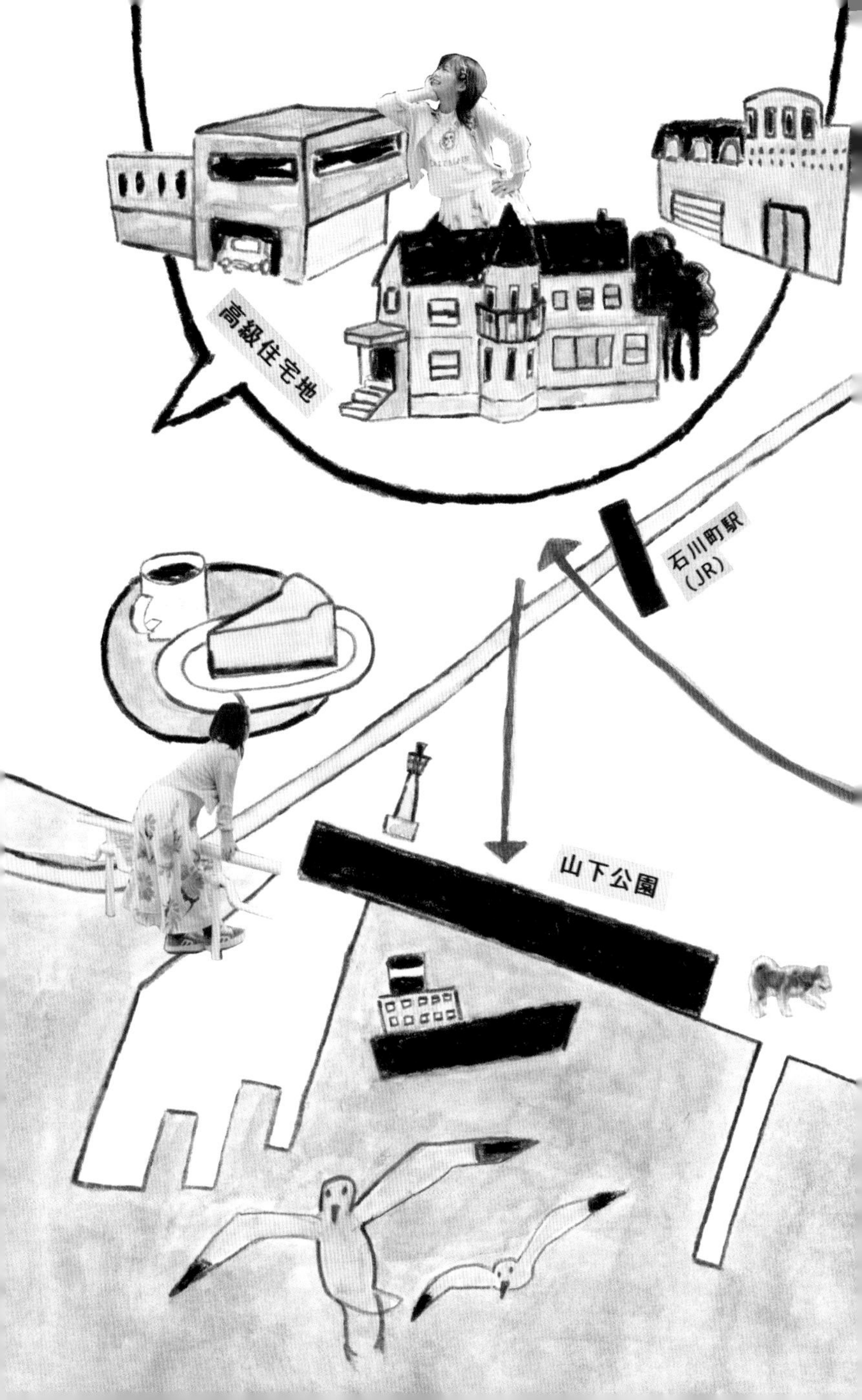
高級住宅地
石川町駅
（JR）
山下公園

SE
19
NO
のほほん雑記帳
大槻ケンヂ
ダムス
予
99年7の月、
五島
新編
銀河鉄道の夜
宮沢賢治
Spiral Life
THER ALONG
Psychedelic Bus
86-90

MFD-2HD
Cut
VOICE
QUENTIN TARANTI
UNA PELÍCUL
NGKING
XPRE
K I D S
OZAWA!
THE DOGS BARK,
BUT THE CARAVAN
MOVES ON
フィッシュマンズ
宇宙キャンプ。
vanes
paradis

「海行きたいね」と彼女は言った

僕は二十年とちょっと、同じ会社に勤めていた。二十年とちょっと罪も犯さず、ズル休みもほとんどせず、勤め上げた人間を、人は大人だと安易に呼んだりする。僕は、ただ「辞める」という決断力がなかった人間だということが周囲にバレないように、今日もあらゆる嘘と言い訳を駆使して、自分を取り繕って生きている。

会社の近くには公園があって、昼になると毎日お弁当を買ってベンチに座り、音楽を聴きながら、ぼんやりと食事をしていた。ある日、小沢健二の『天使たちのシーン』を聴いていたときのことだ。向かいのベンチに若いOLが座って、イヤフォンをし、おにぎりを食べはじめた。一瞬だけ目が合って、軽く会釈をして、すぐにお互いの世界に戻った。耳元の『天使たちのシーン』は、佳境を迎えようとしている。

神様を信じる強さを僕に　生きることをあきらめてしまわぬように
にぎやかな場所でかかりつづける音楽に　僕はずっと耳を傾けている

――小沢健二『天使たちのシーン』

「小説出しませんか？」

そう言われたのはいまから五年前のことだ。僕はその打診をされたとき、思わず「まじかー」と言ってしまった。

もしも人生で小説を書くことがあるならば、もう会うことはかなわない、自分の運命を大きく変えてくれた「あの人」を書きたいと思っていた。けれどそんな日が本当に来るとは、まったく信じていなかった。

いい年して恥ずかしいのだが、僕の口癖は「まじかー」だ。それは最初、彼女の口癖だった。彼女はラーメンが美味すぎても、飼い猫が永眠したと母親からメールで知らされたときも「まじかー」と言って、笑ったり泣いたりする忙しい子だった。僕は彼女が嬉しくても悲しくても、棒読みで言う、「まじかー」がツボだった。さて、どんなエピソードを書こうかと、僕はベッドにしばらく大の字になる。彼女がB級ホラー映画を観て爆笑している瞬間が蘇ってきた。メールで知らされた飼い猫の訃報に「まじかー」とポトポトと涙をこぼす彼女の姿が懐かしい。

　あの頃、彼女が大好きだった『エルム街の悪夢』も、星新一のショートショートも、高円寺のインドカレー屋も僕にとっては憧れだった。彼女の行動はすべて正義だった。それはいまのいままで変わらない。

　彼女の実家には書庫があって、そこには僕の知らない本が、うず高く積まれていた。ひんやりとしたその部屋で、彼女は無知な僕に、よく本を選んでくれた。中島らもや大槻ケンヂ、沢木耕太郎にウィリアム・バロウズ。星新一の本のしおり代わりに挟んであった「好きよ」というポストイットは、僕のお守りだった。僕の本棚にいまでも並んでいる本は、彼女から教えてもらったものばかりだ。ロッテリアで夕方まで、深夜ラジオの話や今月号の『ロッキング・オン・ジャパン』の話なんかをしていた。そんなとき、突然彼女はMDウォークマンの片一方のイヤフォンを僕の耳に突っ込んでくる。ヴァネッサ・パラディ、ジャミロクワイ、小沢健二。フィッシュマンズの『ナイトクルージング』をエンドレスでかけたまま、クーラーの温度を「極寒」に設定した部屋で、ふたりして裸のまま眠った真夏の夜。それらの音楽は、彼女のイヤフォンの片一方から聴こえてきて、初めて知ったものだった。

　チラシだけを集めにいった単館映画館。写ルンですの粒子の粗い写真がいい味出している石垣島旅行。彼女の小指は普通の人よりも短いという事実。ビールは絶対、シンハービールだった。タバコは誕生日に一本だけ吸う約束。原宿の雑踏から逃げるように入った、裏道のガードレールに寄りかかって、あの日、彼女と何を話したんだろう。彼女の口元は、記憶の中ではたしかに動いているけれども、言葉が出てこない。ただ、そのとき僕はたしかに笑っていた。

「いいね」

彼女はいつもそんな感じで、本や音楽の感想をつぶやいていた。僕はとにかく、彼女の好きなものを好きになりたいと、一生懸命読みふけって聴き込んでいたのを憶えている。

彼女と最後になった日は、冬の初めの木枯らしが冷たい日だった気がする。なんでもないデートのはずだった。なんでもない会話をし、次の約束をして、それっきりになった。

「今度、CD持ってくるね」

彼女の最後のセリフはたしかそんな感じだ。

そのままになってしまった約束が次から次に頭をよぎる。「海行きたいね」と彼女は言った。神泉の近くにあった安いラブホテルで、彼女はたしかにそう言った。その約束を僕は果たすことができなかった。あのとき、海に行けばよかった。海に行って、ぼんやりとした一日を過ごせばよかった。

「まじかー」以外に、彼女は「大丈夫だよ、君は面白いもん」とよく僕に言ってくれた。彼女のなんの根拠もないその言葉に、僕は何度救われて生きてきただろう。彼女から教わった本の中に、こんなフレーズがある。

公園でうたた寝をし、よく本を読み、好きな作家のお墓まいりに行く、
なるべく野菜を食べ、まだ行ったことのない暑い国へ思いをはせる。
相手の言ったささいな言葉を忘れず、なるべく多くの詩を書く。
今ボクのやっていることの何分の一かは、彼女と出会っていなければ

なかっただろう。いろいろなことを彼女との日々の中から学習したのだ。

――大槻ケンヂ著『のほほん雑記帳』

端的に言ってこの文章が、この世の中のすべての文章の中でいちばん美しく愛おしいと僕は思っている。

彼女から教わった音楽をいまでも聴いている。彼女から勧められた作家の新刊は、いまでも必ず読んでいる。港区六本木にいながら暑い国のことを考えるのは、インドが好きで仲屋むげん堂で働いていた彼女の影響だ。そして大槻ケンヂさんの言葉を借りれば、いま僕のやっていることの何分の一かは、彼女と出会っていなければ存在しなかっただろう。いろいろなことを彼女との日々の中から学習したのだ。

僕はひたすら原稿に向かった。大してドラマチックじゃない僕の人生の真ん中には、彼女がいた。

僕がなんとかかんとかいままでやってきた原動力は、あのときの彼女の「大丈夫だよ、君は面白いもん」だった。去年から試行錯誤を重ねた小説が、無事に発売されることになった。『ボクたちはみんな大人になれなかった』という題名とは裏腹に、本当はだんだんと大人の世界に絡め取られていく僕から、彼女は離れていってしまったんだということが、やっとわかった気がした。

会社近くの公園のベンチでは、ホームレスの男性がうたた寝をしている。ベビーカーを押す若いお母さんの一団が、笑顔で公園を横切っていく。空には手でちぎったような雲が点在し、秋の気配を感じさせる。「いいね」なんて言葉が、あのときの彼女のように、僕の脳裏に浮かぶ。

彼女と別れてずいぶん経った。

それでも僕は東京で大して腐らず生きている。たくさんの嘘を周りにつき、自分さえ騙して生きている。ひとつだけ守ってきたことは、生きることを諦めなかったことだ。

とっくにつまらない大人になってしまった僕が「大人になれなかった」とうそぶくとき、あの頃の自分が死なずに、公園のベンチで弁当を食べている自分の中で、まだ息をしているのを感じる。

いつか、たまたま彼女が本屋に寄って、この本を見つけたらなんて言うだろう。

きっと、ペラペラと内容を雑に確認しながら、君はあのときみたいに棒読みで、こう言うと思うんだ。「まじかー」って。

燃え殻

原作　燃え殻（もえがら）

1973年生まれ。神奈川県出身。小説家、エッセイスト、テレビ美術制作会社企画。2017年『ボクたちはみんな大人になれなかった』で小説家デビュー。著書に小説『これはただの夏』、エッセイ『すべて忘れてしまうから』『夢に迷って、タクシーを呼んだ』『相談の森』がある。

かおり　伊藤沙莉（いとう さいり）

1994年生まれ。千葉県出身。2020年に第57回ギャラクシー賞テレビ部門個人賞、東京ドラマアウォード2020で助演女優賞、21年に第63回ブルーリボン賞助演女優賞、第45回エランドール賞新人賞受賞。22年1月からドラマ『ミステリと言う勿れ』が放送、主演映画『ちょっと思い出しただけ』が早春公開。著書に『【さり】ではなく【さいり】です。』。

写真　木村和平（きむら かずへい）

1993年生まれ。福島県出身。2018年に第19回写真『1_WALL』審査員奨励賞を受賞。ファッションや音楽、映画などの分野で撮影を行っている。著書に『あたらしい窓』など。

脚本　高田亮（たかだ りょう）

1971年生まれ。東京都出身。2011年『婚前特急』で劇場映画脚本家デビュー。14年『そこのみにて光輝く』でキネマ旬報ベスト・テン脚本賞、ヨコハマ映画祭脚本賞を受賞。脚本作品に『武曲 MUKOKU』『まともじゃないのは君も一緒』など。

映画「ボクたちはみんな大人になれなかった」

【原作】燃え殻『ボクたちはみんな大人になれなかった』（新潮文庫刊）
【監督】森義仁　【脚本】高田亮
【CAST】森山未來（佐藤誠）、伊藤沙莉（加藤かおり）他
【制作プロダクション】C&Iエンタテインメント
【配給】ビターズ・エンド

Story

1995年、ボクは彼女と出会い、生まれて初めて頑張りたいと思った。“普通”が嫌いな彼女に認められたくて、映像業界の末端でがむしゃらに働いた日々。1999年、ノストラダムスの大予言に反して地球は滅亡せず、唯一の心の支えだった彼女はさよならも言わずに去っていった――。

そして2020年。社会と折り合いをつけながら生きてきた46歳のボクは、いくつかのほろ苦い再会をきっかけに、二度と戻らない“あの頃”を思い出す……。

「海行きたいね」と彼女は言った
2021年11月5日 第一刷発行

原　作　燃え殻
監　修　C&I エンタテインメント
かおり　伊藤沙莉
写　真　木村和平
脚　本　高田亮
衣　装　都甲真名美
ヘアメイク　AIKO
装　丁　熊谷菜生
イラスト　畑中宇惟

発行者　小柳学
発行所　株式会社左右社
〒151-0051 東京都渋谷区千駄ヶ谷3丁目55-12 ヴィラパルテノンB1
tel:03-5786-6030　fax:03-5786-6032　http://sayusha.com
印刷・製本　株式会社シナノパブリッシングプレス

【ロケーション協力】 横浜シネマ・ジャック＆ベティ

【画像協力】
P.128-129 小沢健二「犬は吠えるがキャラバンは進む」、フィッシュマンズ「空中キャンプ」、
ヴァネッサ・パラディ「ビー・マイ・ベイビー」 以上すべて ⓒユニバーサル ミュージック
「恋する惑星」「バッファロー'66」「KIDS/キッズ」「トレインスポッティング」 以上すべて ©PPS通信社
P.144 富士フイルム イメージングシステムズ株式会社

P.133『「海行きたいね」と彼女は言った』は東洋経済ONLINE（https://toyokeizai.net）に発表された記事『男はみんな「元カノの成分」でできている』（2017年7月22日）に加筆修正を加えたものです。

Printed in Japan.　ISBN 978-4-86528-048-7 C0074
JASRAC 出 2107720-101